Koch dich nach FRANKREICH

SVENJA MATTNER-SHAHI
& BRITTA WELZER

Koch dich nach FRANKREICH

30 GENUSSVOLLE
FERNWEH-REZEPTE

EMF

EIN BUCH DER
EDITION MICHAEL FISCHER

INHALT

- S. 14 -

- S. 40 -

- S. 50 -

- S. 64 -

Bienvenue en France!

Wenn wir an Frankreich denken, dann sehen wir als Allerersten ein kleines Häuschen mit einem Hinterhof aus hellen Kieselsteinen vor uns. Weiß gestrichen, und in einer Reihe mit vier weiteren seiner Art, steht es in der Nähe von Aigues-Mortes – einer mittelalterlichen Stadt in Südfrankreich. Diese Bilder verbinden wir mit dem ersten Urlaub, an den wir uns noch gut erinnern können, und in dem wir unsere ersten Worte Französisch lernten. Denn jeden Morgen aufs Neue schickten uns unsere Eltern mit einem auswendig gelernten Satz zum Bäcker schräg gegenüber, wo wir mit kindlicher Naivität und Neugierde „une baguette et quatre croissants, s'il vous plaît" – „Ein Baguette und vier Croissants bitte" verlangten. Unseren Bezug zu Frankreich und unsere Liebe zu unserem Nachbarland und seinen Bewohner*innen verdanken wir also unseren Eltern.

Viele Jahre später verschlugen uns dann zunächst das Studium und anschließend der Beruf immer wieder nach Frankreich. Oft war Paris unsere Anlaufstation, ein anderes Mal die Normandie oder aber Toulouse im Südwesten von Frankreich in der Nähe der spanischen Grenze.

Mit jedem Aufenthalt durften wir einen weiteren Menschen in unser Herz schließen, der uns auf unserer Reise ein Stück des Weges begleitete und uns für das Land, seine Menschen, und vor allem für seine Küche begeisterte.

Würden wir gefragt, was unser Lieblingsgericht der französischen Küche ist, wir wären nicht in der Lage, eine klare Antwort zu geben. Ob Coq au vin, ein knuspriger Flammkuchen aus dem Elsass, bretonische Gâlettes, frische Muscheln oder Lyoner Schinken – Frankreichs Köch*innen haben mit ihren Rezepten und Traditionen über Jahrhunderte die Welt der Kulinarik geprägt.

Wir hoffen, dass wir Sie durch unsere Auswahl von 30 Rezepten mit unserer Leidenschaft und Liebe für die französischen Genüsse anstecken können und wünschen Ihnen viel Spaß beim Lesen, Entdecken, Nachkochen und Schlemmen!

PAIN CHOCO
1,10€

Küche und Genuss in Frankreich

BISTROS

Nichts ist so sehr Frankreich wie Bistros. Manchmal ein wenig schmuddelig, fast immer mit dicht an dicht stehenden Tischen und Stühlen im Außenbereich. Ein Kellner in schwarz-weißer Livree und einem riesigen, dünnen Tablett, auf dem immer ein Lappen und ein Aschenbecher mit Wechselgeld griffbereit waren, gehörten für uns ebenfalls zum typischen Bild eines traditionellen Pariser Bistros.

Bistros waren als Mischung aus Café, Restaurant und Bar lange Zeit das Herzstück des französischen Selbstverständnisses. Noch heute lässt sich für das Bistro nur schwer eine klare Definition finden. Man bekommt in den Bistros ein schnelles Mittagessen und in der Regel wird die „Formule du jour", das Angebot des Tages, handgeschrieben auf einer Tafel präsentiert. Häufig bekommt man französische Standardgerichte wie Zwiebelsuppe, Coq au vin, Bœuf bourguignon und zum Nachtisch eine Crème caramel oder auch eine Mousse au chocolat.

DER APÉRO

Am Abend verwandelt sich das Bistro in einen Ort für After-Work-Drinks, bevor es dann zum eigentlichen Abendessen woandershin geht. Der Apéritif oder auch Apéro ist in Frankreich ein gesellschaftlicher Brauch. Es geht um ein nettes Zusammensein, dem ein Abendessen folgen kann – aber nicht muss. Ob mit Freund*innen, in der Familie, mit dem*r Partner*in oder auch mit Kolleg*innen: Der Apéro ist eine gute Gelegenheit, um in lockerer Atmosphäre in den Abend zu starten, ein wenig zu plaudern und dabei das ein oder andere Getränk in Begleitung einiger kleiner Häppchen zu genießen. Was die Getränke betrifft, können dies Klassiker sein, z. B. Kir royal, Pastis, Apérol, Hugo – oder manchmal auch einfach nur ein Glas Bier. Abhängig vom eigentlichen Anlass fallen die Snacks, die dazu gereicht werden, mal üppiger, mal einfacher aus. Oliven, Chips, Nüsse, Dips, kleine belegte Baguettescheiben gibt es aber eigentlich immer. Ist kein anschließendes Abendessen geplant, verabschieden sich die Gäste in der Regel zwischen 20 Uhr und 21 Uhr, sodass Gastgeber*in und auch die Gäste selbst noch ausreichend Zeit haben, ihren weiteren Plänen für den Abend nachzugehen.

DIE FRANZÖSISCHE KÜCHE UND DIE UNESCO

Essen wird in Frankreich zelebriert und häufig gibt es auch unter der Woche ausführliche Abendessen mit mehreren Gängen, bestehend aus Vorspeise, Hauptgang, Salat und Käseplatte.

Nicht umsonst wurde der französischen Küche 2010 von der UNESCO der Status des „immateriellen Weltkulturerbes" verliehen. Dabei geht es nicht nur um die Gerichte, sondern vielmehr um die Bräuche und die sozialen Einflüsse. Es geht um eine ganz spezielle Form der Lebenskultur, die im gemeinsamen Essen ihren unmittelbaren Ausdruck findet.

Das die Gäste verbindende Element dabei ist die Freude an gutem Geschmack. Mit anderen Worten: Das gastronomische Mahl der Franzosen ist ein gesellschaftlicher Anker, der soziale Bindungen schafft und stärkt.

DER EINFLUSS DES „MAGHREB"

Der Begriff „Maghreb" kommt aus dem Arabischen und bedeutet im weitesten Sinne „Ort des Sonnenuntergangs". Er beschreibt eine Region Nordafrikas, zu der Algerien, Marokko, Tunesien, Mauretanien sowie das völkerrechtlich umstrittene Gebiet der Westsahara zählen.

Frankreich, und vor allem Paris, ist ein Schmelztiegel der Kulturen. Der Grund hierfür liegt nicht zuletzt in der Tatsache, dass sich Frankreich im 19. Jahrhundert zur zweitgrößten Kolonialmacht der Welt entwickelte. Dies wiederum führte umgekehrt zu Einwanderungsströmen nach Frankreich. Deshalb ist die Küche des Maghreb heute in ganz Paris zu finden und die über das gesamte Stadtgebiet verteilten nordafrikanischen Restaurants bieten eine hervorragende Möglichkeit, in die Welt der Gewürze einzutauchen. Denn kaum etwas anderes macht die Maghreb-Küche verführerischer als der bunte und harmonisch aufeinander abgestimmte Einsatz von Gewürzen wie Ingwer, Kreuzkümmel, Kurkuma, Safran, Paprika, Chili oder der Gewürzmischung Ras el Hanout.

Typisch Französisch!

DIJON-SENF

Dijon-Senf stammt aus der gleichnamigen französischen Stadt im Département Côte-d'Or (Bourgogne) und gehört in ganz Frankreich zu der Grundausstattung jeder Küche. Er ist scharf und pikant im Geschmack und besteht aus nicht entölten braunen und schwarzen Samenkörnern. Statt mit Essig wird er mit Most hergestellt. Dijon-Senf eignet sich sehr gut zum Kochen und wird vor allem für die Herstellung von Mayonnaise, für Saucen, in Fleisch- oder Fischgerichten und in Salatdressings verwendet.

KÄSE

Unzählige Varianten von Ziegen- und Schafskäse, Laibe mit weißer Schimmelrinde oder mit gräulich-schwarzer Asche bedeckt, kleine Käsekügelchen, lange dünne Ziegenkäsestangen, Käse mit Weinblättern umwickelt, butterweich und cremig oder bereits länger gereift und gehärtet – die Auswahl ist einfach riesig. Sie alle lassen sich in fünf französische Käsefamilien einteilen:

- Les Chèvres – Ziegenkäse
- Weißschimmelkäse
- Feste und halbfeste Sorten
- Rotschmierkäse – Käse mit gewaschener Rinde
- Blauschimmelkäse

Gegessen wird Käse häufig am Ende eines Menüs, denn: „Käse schließt den Magen."
Aber Achtung: Das Baguette wird zum Käse gegessen. Ein Belegen der Baguettescheiben mit dem Käse wäre ein Stilbruch.

CAFÉ AU LAIT

Wenn es um Kaffee geht, dann ist Frankreich wahrscheinlich für seinen Café au lait am bekanntesten. Er ist in Frankreich hauptsächlich mit dem Frühstück verbunden. Wenn der Tag gemütlich zu Hause mit einem kleinen Frühstück begonnen wird, gönnt man sich dazu gerne mal einen Kaffee aus einer klassischen Siebstempelkanne. Der wird mit viel heißer Milch zu einem Café au lait aufgegossen und aus einer großen Tasse, dem Bol, genossen. Die Größe des Bols bringt den Vorteil mit sich, dass man z.B. das Croissant bequem eintunken kann.

Die Kaffeekultur spielt in Frankreich eine wichtige Rolle. Ein wirklich guter Kaffee wird genossen, und man widmet ihm einen eigenen Moment – er wird nicht hastig im Gehen getrunken. Auch bei einem Mittag- oder Abendessen wird dem vielgeliebten heißen Getränk ein eigener Platz in der Speisenfolge eingeräumt. Denn erst, wenn der Nachtisch verputzt und der letzte Gang des Menüs beendet ist, wird der Café serviert.

SCHNECKEN

Schnecken (die Weinbergschnecke und die afrikanische Achatschnecke) haben in den Küchen dieser Welt eine lange Geschichte und sind absolute Delikatessen. Besonders bekannt sind die „Escargots à la bourguignonne“, also mit einer Kräuterbutter gratinierte Schnecken. Serviert werden sie auf einem Teller mit Vertiefungen, in denen die Schneckenhäuschen liegen, einer Zange, einem Löffel und einer Schneckengabel. Da das Schneckenhaus leicht zerbricht, wird es vorsichtig mit der Zange gehalten, dann holt man das Fleisch behutsam mit der Gabel aus dem Schneckenhaus heraus. Die Butter lässt man vorsichtig auf den Löffel träufeln und isst sie anschließend zusammen mit dem Schneckenfleisch. In Kombination mit einem trockenen Weißwein und ein wenig Baguette sind Schnecken eine köstliche Vorspeise.

FRANZÖSISCHE BUTTER

Frankreich ist berühmt für seine Butter, die sich geschmacklich deutlich von den handelsüblichen Produkten (z.B. aus Deutschland) unterscheidet. Klassische französische Butter wird aus Rohmilch und nicht aus pasteurisierter Milch hergestellt. Sie ist dadurch nicht ganz so lange haltbar, dafür aber im Geschmack deutlich voller, blumiger und schon allein mit einem Stück frischem Baguette ein wahrer Genuss.
Es gibt sie in drei unterschiedlichen Varianten: beurre salé (gesalzen), beurre demi-sel (leicht gesalzen) und beurre doux (ohne Salz).

Rezepte

QUICHE LORRAINE

FÜR 10 TARTELETTES

FÜR DEN TEIG

250 G BUCHWEIZENMEHL

½ TL FLOHSAMENSCHALEN

1 EI (GRÖßE M)

125 G KALTE BUTTER

SALZ

FÜR DEN BELAG

150 G PANCETTA

50 ML WEIßWEIN (ALTERNATIV APFELSAFT)

100 G PARMESAN

½ BUND SCHNITTLAUCH

5 EIER (GRÖßE M)

150 G SAHNE

170 G SCHMAND (ALTERNATIV CRÈME FRAÎCHE)

SALZ, PFEFFER

AUßERDEM

10 TARTELETTE-FÖRMCHEN

BUTTER FÜR DIE FÖRMCHEN

MEHL FÜR DIE ARBEITSFLÄCHE

ZUBEREITUNG

Den Backofen auf 180 °C (Umluft) vorheizen, die Tartelette-Formen gründlich fetten.

Für den Teig Buchweizenmehl und Flohsamenschalen vermengen. Anschließend das Ei, die in Stücke geschnittene Butter und ½ TL Salz hinzugeben und mit den Knethaken des Handrührgeräts oder mit der Küchenmaschine verkneten. Danach ggf. mit den Händen weiterverarbeiten, bis ein glatter Teig entstanden ist. Mit Frischhaltefolie abdecken und im Kühlschrank mindestens 1 Stunde ruhen lassen.

In der Zwischenzeit den Belag vorbereiten. Pancetta in sehr kleine Würfel schneiden und in einer beschichteten Pfanne bei mittlerer Hitze ohne zusätzliches Fett auslassen, bis sie goldbraun und knusprig sind. Das dauert 10–15 Minuten. Anschließend mit Weißwein oder Apfelsaft ablöschen. Achtung: Das kann stark spritzen, deshalb am besten Spritzschutz oder Küchenpapier bereithalten. Pancetta abkühlen lassen.

Parmesan hobeln und den Schnittlauch waschen, trocken schütteln und in feine Ringe schneiden. Eier, Sahne, Schmand und Parmesan in einer Schüssel verrühren. Pancetta und Schnittlauch zugeben, salzen und pfeffern.

Teig auf einer bemehlten Arbeitsfläche dünn ausrollen und in 10 gleich große Portionen teilen. In die Formen geben und die Ränder festdrücken. Im heißen Ofen (Mitte) 10–15 Minuten blindbacken. Teig aus dem Ofen nehmen und erkalten lassen.

Die Eier-Sahne-Mischung gleichmäßig auf den Teigböden verteilen. Im heißen Ofen (Mitte) 25–30 Minuten backen. Vor dem Anschneiden mindestens 15 Minuten ruhen lassen.

ZIEGENKÄSECREME
auf Apfel-Fenchel-Salat

FÜR 3-4 PERSONEN

- 1 GROßE FENCHELKNOLLE
- 1 GROßER SÄUERLICHER APFEL (Z. B. BOSKOP)
- 1 KNOBLAUCHZEHE
- 1 ORANGE
- 4 EL WALNUSSÖL
- 2 EL WEIßWEINESSIG
- MEERSALZ, PFEFFER
- 150 G CREMIGER ZIEGENKÄSE
- 1 HANDVOLL GETROCKNETE APRIKOSEN
- 1 HANDVOLL WALNUSSKERNE
- 1 HANDVOLL GRANATAPFEL-KERNE

ZUBEREITUNG

Fenchelknolle waschen, Strunk und Stiele entfernen, Knolle in sehr feine Scheiben schneiden. Apfel waschen, vierteln, Kerngehäuse entfernen, Viertel in sehr feine Scheiben schneiden.

Knoblauchzehe schälen. Orange halbieren und eine Hälfte auspressen. In einer kleinen Schale 3 EL Walnussöl, Essig, Orangensaft, Meersalz und Pfeffer vermengen. Knoblauch hineinpressen und alles zu einem Dressing verrühren.

Ziegenkäse in eine zweite Schale geben. Die getrockneten Aprikosen in sehr kleine Stücke hacken und zum Ziegenkäse geben. 1 EL Walnussöl und 1 Prise Meersalz hinzugeben. Alles mit einer Gabel gut miteinander vermengen.

Auf Tellern den Fenchel auslegen und Apfelscheiben, Walnusskerne und Granatapfelkerne darauf verteilen. Die Ziegenkäsemischung zu kleinen Kugeln formen und auf jeden Teller 3–4 Kugeln setzen. Zuletzt das Dressing darüber verteilen und den Salat mit frischem Baguette genießen.

SALADE NIÇOISE

FÜR 3-4 PERSONEN

6 TOMATEN

100 G STANGENBOHNEN

200 G KLEINE KARTOFFELN

1 ROTE ZWIEBEL

4 ARTISCHOCKENHERZEN (GLAS)

SALZ

4 EIER (GRÖßE M)

4 GEHÄUFTE TL KLEINE KAPERN (GLAS)

60 G SARDELLENFILETS (GLAS)

CA. 30 GRÜNE UND SCHWARZE OLIVEN

FÜR DAS DRESSING

1 HANDVOLL BASILIKUM-BLÄTTER

1 ZITRONE

SALZ, PFEFFER

4 EL OLIVENÖL

ZUBEREITUNG

Tomaten, Bohnen und Kartoffeln gründlich waschen, Tomaten in Scheiben schneiden und den Stielansatz entfernen. Bohnen putzen und halbieren, sehr lange Bohnen vierteln. Zwiebel schälen und in sehr feine Ringe schneiden. Artischocken in einem Sieb abgießen und anschließend beiseitestellen.

Die Kartoffeln in einen Topf geben, mit Wasser füllen und zum Kochen bringen. 20 Minuten abgedeckt gar kochen.

In einem weiteren Topf Wasser mit 2 Prisen Salz zum Kochen bringen. Bohnen 10 Minuten abgedeckt darin kochen, danach in ein Sieb abgießen und mit eiskaltem Wasser abschrecken.

Den Topf erneut mit Wasser füllen, Eier hineingeben (sie sollten nahezu bedeckt sein). Sobald das Wasser kocht, die Zeit stoppen. Soll das Eigelb noch weich sein, die Eier 3 Minuten kochen (für harte Eier mindestens 5 Minuten veranschlagen). Die Eier ebenfalls mit kaltem Wasser abschrecken.

Auf Tellern die Tomatenscheiben auslegen und Bohnen, Artischocken, Zwiebeln, Kapern, Sardellenfilets und Oliven gleichmäßig darauf verteilen. Eier schälen, vierteln und auf dem Salat anrichten. Die kleinen Pellkartoffeln abgießen, halbieren und ebenfalls auf den Tellern arrangieren.

Für das Dressing Basilikumblätter waschen, trocken schütteln, grob hacken und in eine kleine Schale geben. Zitrone halbieren und auspressen. Salz, Pfeffer, 4 EL Zitronensaft und Olivenöl zu den Basilikumblättern geben. Alles gut miteinander vermengen und unmittelbar vor dem Servieren über die Salatportionen träufeln.

Natürlich können nach Belieben noch Salz, Pfeffer und Olivenöl hinzugefügt werden.

OMELETTE
mit Spargel und Schinken

FÜR 2 PERSONEN

FÜR DEN GRÜNEN SPARGEL

8 STANGEN GRÜNER SPARGEL

1 KNOBLAUCHZEHE

3 EL BUTTER

FÜR DAS OMELETTE

1 BUND SCHNITTLAUCH

4 EIER (GRÖßE M)

3 EL MILCH

MEERSALZ, PFEFFER

2 TL TRÜFFELÖL (NACH BELIEBEN)

4 EL BUTTER

4 SCHEIBEN PARISER SCHINKEN (ALTERNATIV FEIN GESCHNITTENER KOCHSCHINKEN)

100 G MILDER, CREMIGER SCHAFSKÄSE

2 HANDVOLL WASSERKRESSE (NACH BELIEBEN)

ZUBEREITUNG

Spargel waschen, die trockenen Enden großzügig abschneiden und die Stangen halbieren. Knoblauchzehe schälen.

Butter in eine Pfanne geben und bei mittlerer Hitze zerlassen. Spargelstangen in die Pfanne geben, die Knoblauchzehe darüber zerdrücken und alles in der Butter wenden. Pfanne mit einem Deckel verschließen und den Spargel 5 Minuten bei mittlerer Hitze anbraten. Wenden und für weitere 5 Minuten braten. Mit einem Messer in die Stangen stechen, wenn sie sich leicht zerteilen lassen, ist der Spargel gar. Pfanne abgedeckt beiseitestellen.

Für die Omelettes Schnittlauch waschen, trocken schütteln und in feine Ringe schneiden. Eier aufschlagen und in eine Schüssel geben. Milch, Meersalz, Pfeffer und 1 gehäuften EL Schnittlauch sowie nach Belieben das Trüffelöl hinzugeben. Alles mit einem Schneebesen schaumig schlagen.

In einer zweiten beschichteten Pfanne 2 EL Butter erhitzen und zerlassen. Die Hälfte der Ei-Mischung in die Pfanne geben und kurz schwenken, damit sich das Ei verteilt. Pfanne mit einem Deckel verschließen und das Ei bei mittlerer Hitze zu einem Omelette stocken lassen. Wenn die Oberfläche nahezu fest ist, das Omelette auf einen Teller gleiten lassen. Mit der restlichen Ei-Mischung genauso verfahren.

Während das zweite Omelette stockt, eine Hälfte des ersten Omelettes mit 2 Scheiben Schinken belegen, Schafskäse über den Schinken bröseln, die Hälfte des Spargels und nach Belieben 1 Handvoll Wasserkresse darauf verteilen. Die unbelegte Hälfte des Omelettes über die belegte klappen. Mit Schnittlauch bestreuen. Mit dem zweiten Omelette genauso verfahren und servieren.

Croque Monsieur

FÜR 2 PERSONEN

4 SCHEIBEN WEIẞBROT (Z. B. KASTENWEIẞBROT)

120 G EMMENTALER

FÜR DIE SAUCE BÉCHAMEL

40 G GESALZENE BUTTER

20 G MEHL (TYPE 405)

200 ML MILCH

FRISCH GERIEBENE MUSKATNUSS

SALZ, PFEFFER

AUẞERDEM

2 SCHEIBEN GEKOCHTER SCHINKEN

ZUBEREITUNG

Den Grill des Backofens auf 180 °C vorheizen. Ein Backblech mit Backpapier auslegen. 2 ungetoastete Weißbrotscheiben darauflegen. Emmentaler frisch reiben.

Für die Sauce Béchamel 20 g Butter in einer beschichteten Pfanne zerlassen. Mehl hinzugeben und mit einem Schneebesen so lange rühren, bis sich Mehl und Butter vollständig miteinander verbunden haben. Milch einrühren, bis sich alle Klümpchen aufgelöst haben. Mit 1 Messerspitze frisch geriebener Muskatnuss und je 1 Prise Salz und Pfeffer abschmecken.

Die beiden Toastscheiben mit je der Hälfte der noch verbliebenen Butter bestreichen, darauf je 1 EL Sauce Béchamel verteilen. Die Hälfte des geriebenen Käses daraufstreuen, anschließend jeweils 1 Scheibe Schinken auf den Käse legen (ggf. falten, falls der Schinken zu sehr über den Rand des Brots hängt). Je 1 weiteren EL Sauce Béchamel auf dem Schinken verteilen.

Die Croques zum Schluss mit je 1 weiteren Toastbrotscheibe bedecken und darauf den restlichen geriebenen Käse streuen.

Unter dem heißen Grill etwa 15 Minuten kross werden lassen. Dabei aufpassen, dass nichts anbrennt.

Tipp

Wir lieben die knusprigen Croques als Abwechslung zu belegten Broten oder Brötchen. Unter dem Backofengrill verschmelzen Käse und Sauce Béchamel – köstlich!

Croque Madame

FÜR 4 PERSONEN

8 SCHEIBEN WEIßBROT (Z. B. KASTENWEIßBROT)

100 G GRUYÈRE

8 TL BUTTER

4 SCHEIBEN GEKOCHTER SCHINKEN

4 EIER (GRÖßE M)

SALZ, PFEFFER

AUßERDEM

SCHNITTLAUCH ZUM GARNIEREN (NACH BELIEBEN)

ZUBEREITUNG

Den Grill des Backofens auf 200 °C vorheizen. Ein Backblech mit Backpapier auslegen. 4 ungetoastete Weißbrotscheiben darauflegen. Gruyère frisch reiben.

Auf jede Weißbrotscheibe 1 TL Butter verstreichen. Die Hälfte des Gruyères auf dem Brot verteilen. Anschließend darauf je 1 Scheibe Schinken legen (ggf. falten, falls der Schinken zu sehr über den Rand des Brots hängt). Den restlichen Käse auf die Croques streuen und mit jeweils 1 Scheibe Weißbrot abdecken.

Im heißen Ofen (Mitte) unter dem Grill etwa 15 Minuten kross werden lassen.

In der Zwischenzeit die restliche Butter in einer großen Pfanne erhitzen. Eier aufschlagen und als Spiegeleier nebeneinander in die Pfanne setzen. Eiweiß bei mittlerer Hitze fest werden lassen, mit etwas Salz und Pfeffer würzen, beiseitestellen.

Sobald die Croques kross aus dem Ofen kommen, jeweils 1 Spiegelei auf die obere Weißbrotscheibe legen und sofort heiß servieren. Nach Belieben mit etwas Schnittlauch garnieren.

ŒUF EN COCOTTE

Ofen-Ei mit Schinken

FÜR 2 PERSONEN

2 MITTELGROßE BRAUNE CHAMPIGNONS (CA. 40 G)

½ BUND SCHNITTLAUCH

2 SCHEIBEN KOCHSCHINKEN

2 EL CRÈME FRAÎCHE

2 EL GERIEBENER GRUYÈRE (ALTERNATIV ANDERER KRÄFTIGER HARTKÄSE)

2 EIER (GRÖßE M)

SALZ, PFEFFER

AUßERDEM

2 SOUFFLÉ-FÖRMCHEN

BUTTER FÜR DIE FÖRMCHEN

ZUBEREITUNG

Den Backofen auf 180 °C (Ober-/Unterhitze) vorheizen. Die Soufflé-Förmchen großzügig mit Butter einfetten.

Champignons putzen und in dünne Scheiben schneiden, ggf. nochmals halbieren. Schnittlauch waschen, trocken schütteln und in feine Ringe schneiden. Schinken in ca. 1 cm große Quadrate schneiden.

In jedes Soufflé-Förmchen 1 EL Crème fraîche füllen. Champignons, Schinken, Käse und Schnittlauch darauf verteilen. Pro Förmchen 1 Ei aufschlagen und über die Füllung gleiten lassen, dabei darauf achten, dass das Eigelb nicht verletzt wird. Mit Salz und Pfeffer würzen.

Im heißen Ofen (Mitte) 8–10 Minuten stocken lassen.

Mit frischem Brot servieren.

TIPP

In Frankreich wird das Ei oft nur sehr kurz gegart und ist dadurch noch fast roh. Wenn es bei uns heutzutage Œuf en cocotte zum Frühstück gibt, dann lassen wir das Ei jedoch etwas länger garen – das kann jeder nach persönlichem Geschmack entscheiden. Alternativ lässt sich das Gericht natürlich auch vegetarisch komponieren.

Französische Zwiebelsuppe

FÜR 3 PERSONEN

350 G SCHALOTTEN

3 KNOBLAUCHZEHEN

3 EL PFLANZLICHE MARGARINE

2 TL SPEISESTÄRKE

700 ML GEMÜSEBOUILLON

SALZ, PFEFFER

100 G GRUYÈRE

½ BAGUETTE

ZUBEREITUNG

Schalotten schälen und in dünne Ringe schneiden. Knoblauchzehen schälen, 2 davon pressen.

Margarine in einem Topf zum Schmelzen bringen. Schalotten und gepressten Knoblauch hinzugeben und umrühren. Topfdeckel aufsetzen und die Schalotten bei mittlerer Hitze glasig dünsten. Das dauert etwa 10 Minuten. Dann die Schalotten mit Speisestärke bestäuben und diese gut unterrühren.

Gemüsebouillon und 250 ml Wasser zugeben, nach Belieben mit Salz und Pfeffer würzen und 15 Minuten köcheln lassen.

Den Backofen auf 180 °C (Umluft und Grill) vorheizen.

Gruyère frisch reiben. Baguette in ca. 2 cm dicke Scheiben schneiden, kurz toasten (die Scheiben sollten nicht braun werden) und anschließend mit der restlichen Knoblauchzehe einreiben.

Suppe in ofenfeste Schalen füllen. Die Oberfläche jeweils mit Baguettescheiben bedecken und den Käse auf die Baguettescheiben streuen. Im heißen Ofen ca. 5 Minuten grillen, bis der Käse geschmolzen und leicht gebräunt ist.

Nach Geschmack noch etwas Pfeffer über die Suppe geben.

Maronencremesuppe

FÜR 4 PERSONEN

400 G GEKOCHTE MARONEN

1 SCHALOTTE

1 KNOBLAUCHZEHE

1 KLEINE STANGE LAUCH

4 ZWEIGE ROSMARIN

2 EL BUTTER

150 ML WEIßWEIN (ALTERNATIV GEMÜSEBOUILLON)

700 ML GEMÜSEBOUILLON

200 G SAHNE

1 ZITRONE

FRISCH GERIEBENE MUSKATNUSS

MEERSALZ

FRISCH GEMAHLENER PFEFFER

FÜR DIE CROÛTONS

½ STANGE BAGUETTE (VOM VORTAG)

3 ZWEIGE ROSMARIN

2 EL BUTTER

ZUBEREITUNG

Maronen in grobe Stücke zerkleinern. Schalotte schälen, vierteln und in dünne Scheiben schneiden. Knoblauch schälen und in grobe Scheiben schneiden. Den Lauch von äußeren Blättern befreien, in Ringe schneiden, Ringe in ein Sieb geben und unter fließendem Wasser waschen. Rosmarinzweige waschen und trocken schütteln.

Die Butter in einem Topf erhitzen. Schalotten, Knoblauch und Lauch hineingeben und bei geschlossenem Deckel für 2 Minuten dünsten. Dann die Maronenstücke hineingeben und 3 Minuten mitdünsten.

Mit Weißwein ablöschen. Gemüsebouillon, 200 ml Wasser und Rosmarinzweige hinzugeben und alles für 20 Minuten zugedeckt köcheln lassen.

Rosmarinzweige entfernen und die Suppe mit einem Stabmixer glatt pürieren. Sahne hinzugeben und nochmals mit dem Stabmixer aufschäumen. Zitrone halbieren, auspressen und die Suppe mit 2–3 EL Zitronensaft, 1 Prise Muskatnuss, Meersalz und frisch gemahlenem Pfeffer abschmecken.

Für die Croûtons das Baguette horizontal halbieren, in 2 cm breite Streifen und anschließend in 1–2 cm große Würfel schneiden. Die Rosmarinzweige waschen und trocken schütteln. Butter in einer beschichteten Pfanne erhitzen. Die Baguettewürfel und die Rosmarinzweige hineingeben. Alles zusammen so lange braten, bis die Brotwürfel kross sind. Währenddessen gelegentlich wenden, damit das Baguette nicht anbrennt.

Die Suppe in Teller geben und die Croûtons gleichmäßig darauf verteilen. Heiß servieren.

EPICERIE
FINE
L'EPICERIE DU VILLAGE
PRODUITS BIO
ET REGIONAUX

MOULIN ROUGE

Brie
im Blätterteigmantel

FÜR 4 PERSONEN

3 ZWIEBELN

2 EL BUTTER

1 HANDVOLL CRANBERRYS

1 BLÄTTERTEIG (KÜHLREGAL)

2 EL HIMBEERKONFITÜRE

250 G BRIE DE MEAUX

20 G MANDELBLÄTTCHEN

1 EIGELB (GRÖßE M)

ZUBEREITUNG

Den Backofen auf 180 °C (Umluft) vorheizen.

Zwiebeln schälen und in sehr feine Ringe schneiden. Butter in einer Pfanne erhitzen, die Zwiebelringe hineingeben und so lange anschwitzen, bis sie glasig sind. Dann Cranberrys hinzugeben und die Zwiebeln weiter schwitzen lassen, bis sie einen leichten Braunton angenommen haben.

Blätterteig ausrollen (bei einer rechteckigen Teiglage 1 runde Scheibe ausschneiden). Die Blätterteigscheibe sollte hierbei einen größeren Durchmesser haben als der Brie, da der Teig später über den Käse geklappt wird. Mit Himbeerkonfitüre dünn bestreichen. Brie de Meaux auf den Blätterteig setzen. Zwiebeln auf den Brie geben und zuletzt die Mandelblättchen über die Zwiebeln streuen.

Blätterteig über den Brie klappen, sodass der Käse von allen Seiten in Blätterteig eingeschlagen ist. Die Oberfläche dünn mit Eigelb bestreichen. Backblech mit Backpapier auslegen, das Brie-Blätterteig-Päckchen daraufsetzen und im heißen Ofen (Mitte) 30 Minuten goldbraun backen.

Auf einer Platte mit etwas Baguette servieren. Auch Apfelscheiben und getrocknete Aprikosen machen sich ganz wunderbar dazu.

Käsesoufflé

FÜR 6 PERSONEN

70 G KRÄFTIGER KÄSE (Z. B. COMTÉ, GRUYÈRE ODER EMMENTALER)

2 EIER (GRÖßE M)

SALZ

25 G BUTTER

25 G MEHL (TYPE 405)

200 ML MILCH

FRISCH GEMAHLENER PFEFFER

FRISCH GERIEBENE MUSKATNUSS

AUßERDEM

6 SOUFFLÉ-FÖRMCHEN

BUTTER FÜR DIE FÖRMCHEN

ZUBEREITUNG

Den Backofen auf 180 °C (Umluft) vorheizen. Die Förmchen fetten.

Käse fein reiben und beiseitestellen. Eier trennen. Eigelbe beiseitestellen, sie werden noch benötigt. Eiweiß und 1 Prise Salz mit dem Handrührgerät steif schlagen.

In einem Topf die Butter zerlassen. Hitze stark reduzieren und das Mehl nach und nach hineinrieseln lassen und mit deinem Schneebesen verrühren. Die Milch ebenfalls nach und nach in die Mischung einfließen lassen und dabei kontinuierlich mit dem Schneebesen kräftig rühren, damit sich keine Klümpchen bilden.

Den Topf vom Herd nehmen. Eigelbe unter Rühren in die Mischung geben. Anschließend den geriebenen Käse zufügen, mit Salz, frisch gemahlenem Pfeffer und 1 Msp. frisch geriebener Muskatnuss abschmecken. Zuletzt das steif geschlagene Eiweiß vorsichtig mit deinem Holzlöffel unterheben.

Soufflé-Förmchen zu jeweils zwei Dritteln mit der Masse füllen. Im heißen Ofen (Mitte) ca. 35 Minuten backen. Dabei nicht die Backofentür öffnen! Sollten die Soufflés zu braun werden, bereits vorher aus dem Ofen nehmen.

Warm mit einem frischen grünen Blattsalat und nach Belieben mit etwas Baguette servieren.

Kartoffelgratin

mit Gruyère

FÜR 4-6 PERSONEN

400 G SAHNE

3 LORBEERBLÄTTER

FRISCH GERIEBENE MUSKATNUSS

MEERSALZ, PFEFFER

1 GROßE KNOBLAUCHZEHE

1 KG VORWIEGEND FESTKOCHENDE ODER MEHLIGKOCHENDE KARTOFFELN

150 G KRÄFTIGER HARTKÄSE (Z. B. GRUYÈRE)

50 G BUTTER

ZUBEREITUNG

Den Backofen auf 180 °C (Umluft) vorheizen.

Sahne, Lorbeerblätter, 2–3 Messerspitzen Muskatnuss, 1–2 TL Meersalz und Pfeffer in einen Topf geben, Knoblauchzehe schälen und dazupressen. Alles kurz aufkochen, dann sofort die Hitze reduzieren und vorsichtig unter gelegentlichem Rühren 15 Minuten weiterköcheln lassen.

In der Zwischenzeit Kartoffeln schälen, waschen und in dünne Scheiben schneiden. Käse frisch reiben. Die Hälfte der Butter in Flocken auf dem Boden einer Auflaufform verteilen. Lorbeerblätter aus der Sahne entfernen.

Etwa ein Viertel der Kartoffelscheiben auf dem Boden der Auflaufform verteilen. 1 Kelle der Gewürzsahne über die Kartoffelscheiben gießen und die nächste Lage Kartoffelscheiben in die Auflaufform geben. Diesen Vorgang so lange wiederholen, bis Sahne und Kartoffeln aufgebraucht sind. Auch die letzte Lage sollte mit Sahne übergossen werden. Die restliche Butter in Flocken auf der obersten Kartoffelschicht verteilen. Zum Abschluss den Käse über die Kartoffeln streuen.

Im heißen Ofen (Mitte) 40–45 Minuten garen. Dabei aufpassen, dass die oberste Schicht nicht zu dunkel wird. Das Gratin ist fertig, wenn die oberste Schicht eine leicht goldbraune Farbe zeigt und die Kartoffeln weich sind.

Tarte Tatin
mit Tomaten

FÜR 1 TARTE

450 G BUNTE KIRSCHTOMATEN

6 ZWEIGE THYMIAN

1 BLÄTTERTEIG
(KÜHLREGAL, IN DER GRÖßE EINES BACKBLECHS)

80 G ZUCKER

3 EL PINIENKERNE

AUßERDEM

1 OFENFESTE PFANNE
(Ø 24 CM)

ZUBEREITUNG

Den Backofen auf 180 °C (Umluft) vorheizen.

Kirschtomaten und Thymianzweige waschen. Thymian trocken schütteln, Blättchen von den Stielen zupfen und in einer Schale beiseitestellen, Tomaten ebenfalls beiseitestellen.

Blätterteig ausrollen und einen Kreis ausschneiden, der etwas größer als die Pfanne ist. Zucker in die Pfanne geben und bei mittlerer Hitze vorsichtig zum Schmelzen bringen. Dabei nicht mit einem Löffel umrühren, sondern stattdessen die Pfanne immer wieder leicht schwenken. Sobald der Zucker flüssig ist, die Tomaten im Ganzen, Pinienkerne und Thymianblättchen in die Pfanne geben und kurz schwenken. Dann sofort den Teig über die Tomaten legen und an den Pfannenrändern leicht nach unten drücken und im heißen Ofen (Mitte) ca. 30 Minuten backen. Wenn der Blätterteig aufgegangen ist und Farbe angenommen hat, ist die Tarte fertig.

Pfanne aus dem Ofen nehmen. Achtung: Die Tomaten verlieren während des Backvorgangs Flüssigkeit. Diese ist sehr heiß und sollte vorsichtig abgegossen werden, bevor man den Teig stürzt. Teig anschließend mit einem Messer leicht vom Rand der Form lösen und sofort auf eine Platte stürzen.

Jakobsmuscheln

mit fruchtigem Radicchio

FÜR 2 PERSONEN

1 BIO-ORANGE

1 KLEINER RADICCHIO

70 G BUTTER

6 JAKOBSMUSCHELN (KÜCHENFERTIG)

MEERSALZ

FRISCH GEMAHLENER SCHWARZER PFEFFER

50 ML WEIẞWEIN (ALTERNATIV GEMÜSEBOUILLON)

ZUBEREITUNG

Orange heiß abwaschen. Feine Zesten (8–10 cm) abziehen und in sehr feine Streifen schneiden. Orange halbieren und eine Hälfte auspressen (wir benötigen 50 ml Saft). Radicchio von seinen äußeren Blättern befreien, übrige Blätter lösen, waschen, gut trocken schütteln und in feine Streifen schneiden.

40 g Butter in einer Pfanne zerlassen und erhitzen. Jakobsmuscheln kalt abspülen und trocken tupfen, dann hineinsetzen, zwei Drittel der Orangenzesten darüber geben und unter mehrfachem Wenden (alle 30 Sekunden) 2 Minuten anbraten. Mit Meersalz und Pfeffer würzen. Muscheln aus der Pfanne nehmen und beiseitestellen.

Butter und Orangenzesten in der Pfanne mit Weißwein und Orangensaft ablöschen und 1–2 Minuten einköcheln lassen. Dabei darauf achten, dass nicht zu viel Flüssigkeit verdampft. Die Sauce in ein kleines Gefäß füllen und beiseitestellen.

Restliche Butter in die Pfanne geben und erhitzen. Radicchio hinzugeben und unter Wenden 2–3 Minuten anbraten, bis er in sich zusammengefallen ist. Mit Meersalz und Pfeffer würzen.

Radicchio mit den Jakobsmuscheln und der Sauce auf Tellern anrichten und sofort servieren.

Bœuf Bourguignon

FÜR 4 PERSONEN

1 KG RINDFLEISCH (Z. B. TAFELSPITZ)

250 G MÖHREN

100 G ZWIEBELN

3 ZWEIGE THYMIAN

2 ZWEIGE ROSMARIN

1 BIO-ORANGE

4–6 EL BRATÖL

1 EL HONIG

10 NELKEN

2 LORBEERBLÄTTER

750 ML KRÄFTIGER ROTWEIN

150 G SPECK

250 G KLEINE BRAUNE CHAMPIGNONS

ZUBEREITUNG

Das Rindfleisch trocken tupfen, vom groben Fett befreien und in ca. 5 cm große Stücke schneiden. Die Möhren schälen, längs halbieren und in 0,5 cm dicke Scheiben schneiden. Die Zwiebeln schälen, halbieren und in 1 cm große Würfel schneiden. Thymian und Rosmarin waschen und trocken schütteln. Orange heiß abwaschen und 3 Zesten (à 5 cm) abziehen.

In einem Bräter das Öl erhitzen und das Fleisch hineingeben. Das Öl sollte so heiß sein, dass es dabei zischt. Fleisch von allen Seiten anbräunen. Honig hinzufügen und immer wieder umrühren.

Nach 5–10 Minuten Möhren, Zwiebeln, Gewürze, Kräuter und Orangenzesten hinzugeben. 350 ml Rotwein und 400 ml Wasser zugießen, zum Kochen bringen, dann die Hitze reduzieren, sodass die Flüssigkeit noch leicht köchelt. Bräter mit einem Deckel verschließen und das Fleisch 2½–3 Stunden schmoren. Dabei gelegentlich umrühren und restlichen Rotwein nachgießen. Er sollte am Ende der Schmorzeit aufgebraucht sein, der Alkohol verkocht dabei.

Speck in schmale Streifen und anschließend in Würfel schneiden. Champignons putzen und vierteln.

Nach 2 Stunden Schmorzeit eine beschichtete Pfanne erhitzen und den Speck bei mittlerer Hitze 20–30 Minuten auslassen, bis er knusprig ist. Herausnehmen und beiseitestellen.

Anschließend die Champignons in das Bratfett des Specks geben und etwa 10 Minuten anbraten. Speck und Champignons zum Fleisch geben und alles gut vermengen.

ENTRECÔTE

mit Weißwein-Petersilien-Sauce

FÜR 2 PERSONEN

FÜR DIE SAUCE BERCY

4 SCHALOTTEN

50 ML RINDERBOUILLON

150 ML WEIßWEIN

1 BUND PETERSILIE

1 ZITRONE

50 G BUTTER

MEERSALZ, PFEFFER

AUßERDEM

2 ENTRECÔTES
(À 300 G, CA. 2,5 CM DICK)

2–3 EL BRATÖL

ZUBEREITUNG

Für die Sauce Schalotten schälen, halbieren und in 0,5 cm große Würfel schneiden. Zusammen mit Rinderbouillon und Weißwein in einer Pfanne bei mittlerer Hitze so weit einköcheln lassen, dass die Flüssigkeit fast verdampft ist.

Währenddessen Petersilie waschen, trocken schütteln und fein hacken, Zitrone halbieren und auspressen.

Butter und dann Petersilie, Meersalz und Pfeffer zu den Schalotten geben, mit 2 EL Zitronensaft abschmecken.

Für medium gegartes Fleisch das Öl in einer Pfanne erhitzen. Das Fleisch von beiden Seiten für 3 Minuten scharf darin anbraten. Anschließend die Pfanne vom Herd nehmen und das Fleisch darin ohne Deckel für weitere 3 Minuten ruhen lassen.

Auf Tellern anrichten und mit der Sauce Bercy servieren.

TIPP

Das Fleisch ca. 30 Minuten vor dem Braten aus dem Kühlschrank nehmen und Raumtemperatur annehmen lassen.

Coq au vin

Für 4 Personen

4 Hähnchenschenkel (ca. 1 kg)

70 g Knollensellerie

4 Zwiebeln

250 g Möhren

2 Knoblauchzehen

4 Zweige Thymian

2 Zweige Rosmarin

7 Nelken

3 Lorbeerblätter

500 ml kräftiger Rotwein

200 g Champignons

6 EL Bratöl

500 ml Gemüsebouillon

60 g Speck

Zubereitung

Am Vortag Hähnchenschenkel in eine Schüssel geben. Knollensellerie schälen, von braunen Stellen befreien und in sehr feine Würfel schneiden. 2 Zwiebeln schälen und in 1 cm große Stücke schneiden. 100 g Möhren schälen und in dünne Scheiben schneiden. 1 Knoblauchzehe schälen und in feine Streifen schneiden. Kräuter waschen und trocken schütteln.

Die Zwiebelstücke, Sellerie, Möhrenscheiben, Knoblauch, Thymianzweige, Rosmarin, Nelken und Lorbeerblätter zum Huhn geben. Wein darüber gießen, sodass das Fleisch damit bedeckt ist. Die Schale mit Frischhaltefolie abdecken und über Nacht zum Marinieren in den Kühlschrank stellen.

Am nächsten Tag die Hähnchenschenkel aus der Marinade nehmen und mit Küchenpapier gut trocken tupfen. Die Marinade durch ein Sieb abgießen und die Flüssigkeit in einer Schale auffangen, Gemüse und Kräuter aufbewahren. Die restlichen Zwiebeln, Knoblauch und Möhren analog zum Vortag vorbereiten. Champignons putzen und in grobe Streifen schneiden.

In einem Bräter das Öl erhitzen. Die Hähnchenschenkel hineingeben (Achtung: Es spritzt sehr stark, wenn die Schenkel nicht trocken sind) und von beiden Seiten jeweils 3 Minuten anbraten. Die frischen Zwiebeln und Möhren sowie den Knoblauch zum Fleisch geben. Gut umrühren und bei geschlossenem Deckel 5 Minuten anbraten.

Gemüse, Kräuter und Wein der Marinade sowie die Gemüsebouillon hinzugeben. Alles verrühren und 1 Stunde bei geschlossenem Deckel und geringer Hitze langsam köcheln lassen. Gelegentlich umrühren. Champignons und ggf. noch etwas Wasser hinzufügen – das Fleisch sollte stets weitgehend mit Flüssigkeit bedeckt sein. Weitere 30 Minuten köcheln lassen.

Speck in kleine Würfel schneiden und in einer beschichteten Pfanne auslassen, bis er knusprig ist.

Auf einem Teller pro Portion je 1 Hähnchenschenkel, Gemüse, Sauce und ggf. die Beilage anrichten. Zuletzt mit etwas knusprigem Speck bestreuen. Als Beilage zum Coq au vin eignen sich gekochte Kartoffeln, Reis oder einfach nur frisches Baguette.

Poulet à la Clamart

FÜR 4 PERSONEN

400 G TK-ERBSEN

4 HÄHNCHENSCHENKEL (CA. 800 G, ALTERNATIV HÜHNERBRUSTFILETS)

2 EL BRATÖL

160 G SPECK

12 FRÜHLINGSZWIEBELN

2 KNOBLAUCHZEHEN

2–3 ZWEIGE FRANZÖSISCHER ESTRAGON

2 EL BUTTER

200 ML WEIßWEIN

350 ML GEMÜSEBOUILLON

3 EL CRÈME FRAÎCHE

MEERSALZ, PFEFFER

100 G HARTKÄSE (Z. B. COMTÉ, NACH BELIEBEN)

ZUBEREITUNG

Den Backofen auf 180 °C (Umluft) vorheizen. Die Erbsen auftauen.

Hähnchenschenkel trocken tupfen. Bratöl in einer beschichteten Pfanne erhitzen und darin die Hähnchenschenkel von beiden Seiten jeweils 3 Minuten anbraten. Anschließend in eine Auflaufform legen.

Den Speck in kleine Würfel schneiden und in der Pfanne, in der das Huhn angebraten wurde, auslassen, bis er knusprig ist. Aus der Pfanne nehmen und beiseitestellen.

In der Zwischenzeit die Frühlingszwiebeln putzen, waschen und in 1 cm breite Ringe schneiden. Knoblauchzehen schälen, Estragon waschen, trocken schütteln und grob hacken.

Butter in der Pfanne zerlassen. Mit Weißwein ablöschen, kurz aufkochen, anschließend Frühlingszwiebeln hineingeben und Knoblauch dazupressen. Mit der Gemüsebouillon ablöschen und Estragon sowie Erbsen in die Sauce geben. 3 Minuten köcheln lassen. Mit Crème fraîche, Meersalz und Pfeffer abschmecken.

Die Sauce in die Auflaufform zum Huhn geben. Die Speckwürfel über das Huhn streuen. Nach Belieben Käse frisch reiben und darüber streuen. Im heißen Ofen (Mitte) 30 Minuten garen.

Mit Reis oder frischem Baguette servieren.

Tipp

Für dieses Rezept ist es sehr wichtig, den französischen (intensiveren) Estragon zu verwenden. Sollten Sie nur russischen Estragon auftreiben können, dann empfehlen wir, die vierfache Menge zu verwenden.

POT-AU-FEU

FÜR 4 PERSONEN

1 ZWIEBEL

2 KNOBLAUCHZEHEN

2 NELKEN

5 ZWEIGE THYMIAN

5 STÄNGEL PETERSILIE

2 LORBEERBLÄTTER

750 G DURCHWACHSENES RINDFLEISCH (SCHULTER)

8 PFEFFERKÖRNER

4 MÖHREN

2 STANGEN LAUCH

4 GROßE FESTKOCHENDE KARTOFFELN

100 G KNOLLENSELLERIE

2 KLEINE WEIßE STECKRÜBEN

1 MARKKNOCHEN (NACH BELIEBEN)

MEERSALZ

ZUBEREITUNG

Zwiebel und Knoblauchzehen schälen. Nelken in die Zwiebel stecken. Kräuter waschen, trocken schütteln und anschließend zusammen mit den Lorbeerblättern zu einem Bündel zusammenbinden.

Das Fleisch halbieren, in einen großen Topf geben und mit 3–4 l Wasser bedecken. Zwiebel, Knoblauchzehen, das Kräuterbündel und die Pfefferkörner ins Wasser geben und bei geschlossenem Deckel 4 Stunden köcheln lassen. Anfangs entsteht dabei Schaum. Diesen mit einem Löffel abschöpfen. Sollte das Wasser zu schnell verdunsten, einfach noch ein wenig Wasser nachfüllen.

In der Zwischenzeit Möhren putzen, schälen und in 5 cm lange Stücke schneiden. Lauch putzen, längs aufschneiden, sorgfältig waschen und in 3 cm breite Stücke schneiden. Kartoffeln schälen, waschen und vierteln. Sellerie schälen, ggf. braune Stellen entfernen und in 3 cm große Würfel schneiden. Steckrüben schälen und in 3 cm große Würfel schneiden.

Nach 2 Stunden Kochzeit das Gemüse zum Fleisch geben. Jetzt auch nach Belieben den Markknochen zufügen. Mit Meersalz würzen und weitere 2 Stunden köcheln lassen.

Nach 4 Stunden Garzeit ist das Fleisch schön zart, zudem ist eine köstliche Rinderbouillon entstanden. Zunächst die Bouillon servieren. Anschließend das Fleisch mit Gemüse auf Tellern anrichten. Dazu werden Cornichons, körniger Dijon-Senf und Meersalz serviert.

Lachsfilet
mit Chermoula

FÜR 4 PERSONEN

FÜR DIE CHERMOULA

½ BUND PETERSILIE

½ BUND KORIANDERGRÜN

1 ZITRONE

4 KNOBLAUCHZEHEN

1 EL EDELSÜßES PAPRIKA-PULVER

1 EL GEMAHLENER KREUZ-KÜMMEL

1 TL SALZ

½ TL PFEFFER

4 EL OLIVENÖL

4 LACHSFILETS (JE CA. 150 G)

AUßERDEM

1 ZITRONE

1 HANDVOLL BLATTSALAT

2 TOMATEN

ZUBEREITUNG

Den Backofen auf 180 °C (Umluft) vorheizen.

Für die Chermoula Petersilie und Koriandergrün waschen, trocken schütteln, Blättchen von den Stielen abzupfen, fein hacken und in eine Schale geben. Zitrone halbieren und auspressen. Knoblauch schälen, sehr fein schneiden oder hobeln und zu den Kräutern geben. 3 EL Zitronensaft sowie alle weiteren Zutaten der Chermoula hinzufügen, gut miteinander vermengen und für 15 Minuten ziehen lassen.

Lachsfilets mit kaltem Wasser abspülen, trocken tupfen und die Oberseite gleichmäßig mit der Kräuterpaste einreiben. In einer Auflaufform im heißen Ofen (Mitte) 20 Minuten garen.

Die Zitrone heiß abwaschen und vierteln. Blattsalat waschen und trocken schleudern. Tomaten waschen, vom Stielansatz befreien und in Scheiben schneiden. Blattsalat und Tomatenscheiben auf 4 Tellern arrangieren, jeweils 1 Lachsfilet darauf anrichten und mit Zitronenvierteln garnieren. Die Lachsfilets nach Belieben mit Pommes frites oder Reis servieren.

Mousse au chocolat
mit roten Früchten

FÜR 4 PERSONEN

125 G ZARTBITTERSCHOKOLADE (KAKAOANTEIL 75-80 %)

3 EIER (GRÖßE M)

3 EL ZUCKER

200 G SAHNE

FÜR DEN OBSTSALAT

200 G ERDBEEREN

100 G HIMBEEREN

4 STÄNGEL MINZE

ZUBEREITUNG

Schokolade in Stücke brechen und in eine Schüssel geben, die in einen Topf über ein Wasserbad gehängt werden kann. In den Topf so viel Wasser füllen, dass es den Boden der Schüssel nicht berührt. Schüssel über das Wasserbad hängen und das Wasser erhitzen. Achtung: Es sollte nicht kochen, da sonst das Risiko besteht, dass Wasserspritzer in die Schüssel gelangen. Schokolade über dem Wasserbad schmelzen lassen.

3 Schüsseln bereitstellen. Die Eier trennen. Den Zucker zu den Eigelben geben und mit einem Schneebesen schaumig schlagen. Eiweiß mit einem Handrührgerät steif schlagen. Sahne in die verbleibende Schüssel geben und ebenfalls steif schlagen.

Die geschmolzene Schokolade löffelweise unter die Zucker-Eigelb-Mischung heben und alles nach und nach behutsam miteinander vermengen. Anschließend abwechselnd die geschlagene Sahne und den Eischnee unter die Schokomasse heben. Das Eiweiß bildet hierbei zunächst kleine Flocken. Sie können am Rand der Schüssel zerdrückt werden und lösen sich durch das kontinuierliche Unterheben allmählich auf.

Sahne und Eischnee so lange unterheben, bis eine glatte Masse entstanden ist. Anschließend die Mousse auf 4 Gläser verteilen und 3–4 Stunden in den Kühlschrank stellen, bis sie fest ist.

Für den Obstsalat Erdbeeren und Himbeeren waschen. Erdbeeren von den Stielansätzen befreien und vierteln. Minze ebenfalls waschen, trocken schütteln, Blätter von den Stielen zupfen und grob hacken. Das Obst mit der Minze in einer Schüssel mischen und als Obstsalat auf der Mousse au chocolat anrichten.

Crème brûlée
mit Himbeeren

FÜR 4 PERSONEN

250 ML MILCH

250 G SAHNE

1 VANILLESCHOTE

4 EIGELBE (GRÖßE M)

90 G WEIßER ZUCKER

ZUM ANRICHTEN

1 HANDVOLL MINZEBLÄTTER

FRISCHE HIMBEEREN

AUßERDEM

4 SOUFFLÉ-FÖRMCHEN

50 G BRAUNER ZUCKER ZUM KARAMELLISIEREN

FLAMBIERBRENNER

ZUBEREITUNG

Den Backofen auf 180 °C (Umluft) vorheizen. Temperatur ggf. mit einem Ofenthermometer überprüfen, denn sie ist der Schlüssel zum guten Gelingen der Crème brûlée.

Milch und Sahne in einen Topf geben und bei niedriger Hitze erwärmen. Vanilleschote der Länge nach aufschneiden, das Mark herauskratzen. Mark und Schote zur Milch-Sahne-Mischung geben und alles kurz aufkochen lassen. Danach direkt vom Herd nehmen und 15 Minuten abkühlen lassen.

Die Eigelbe und den weißen Zucker in eine Rührschüssel geben und mit einem Löffel vermengen. Darauf achten, dass die Masse nicht schaumig wird.

Die Milch-Sahne-Mischung durch ein Sieb in die Rührschüssel zu den Eigelben und dem Zucker geben und alles mit einem Schneebesen vermengen, bis sich der Zucker aufgelöst hat.

Die Förmchen auf ein Backblech stellen. Die Crème durch ein Sieb in die Förmchen füllen (dadurch wird sie noch cremiger) und im heißen Ofen (unten) etwa 45–60 Minuten backen. Die Crème ist fertig gebacken, wenn das Innere noch leicht wackelt, aber die äußeren Ränder schon fest wirken. Nun sollten die Förmchen ca. 1 Stunde bei Raumtemperatur abkühlen, bevor sie dann für 2 Stunden, am besten aber über Nacht, in den Kühlschrank wandern.

Vor dem Servieren den braunen Zucker gleichmäßig auf den Förmchen verteilen und mit einem Flambierbrenner flambieren. Mit frischer Minze und Himbeeren garniert servieren.

MARONENFLAN
mit Karamellsauce

FÜR 6 PERSONEN

FÜR DIE KARAMELLSAUCE

120 G ZUCKER

FÜR DEN FLAN

150 ML MILCH

100 G SAHNE

1 VANILLESCHOTE

50 G ZUCKER

4 EIGELBE (GRÖẞE M)

300 G MARONENCREME

AUẞERDEM

6 SOUFFLÉ-FÖRMCHEN

ZUBEREITUNG

Den Backofen auf 180 °C (Umluft) vorheizen.

Für die Karamellsauce Zucker mit 50 ml Wasser in einen Topf bei niedriger Hitze langsam schmelzen. Dabei nicht umrühren, sondern den Topf lediglich leicht schwenken. Sobald der Zucker karamellisiert ist, auf die Soufflé-Förmchen aufteilen.

Für den Flan Milch und Sahne in einen Topf geben. Vanilleschote der Länge nach aufschneiden, das Mark herauskratzen, mit der Schote zur Milch-Sahne-Mischung geben und zum Köcheln bringen. Hitze reduzieren und 15 Minuten leicht köcheln lassen, dabei gelegentlich umrühren, damit die Flüssigkeit nicht anbrennt.

Zucker und Eigelbe mit einem Schneebesen aufschlagen, jedoch nicht schaumig schlagen. Milch-Sahne-Mischung vom Herd nehmen. Vanilleschote entfernen und Milch langsam unter ständigem Rühren in die Eiermischung laufen lassen. Maronencreme hinzugeben und unter ständigem Rühren in der warmen Masse auflösen. So lange weiterrühren, bis eine homogene Creme entstanden ist.

Creme auf die Karamellsauce in die Soufflé-Förmchen füllen. Förmchen in eine Auflaufform setzen und diese mit Wasser befüllen, sodass die Förmchen zu zwei Dritteln im Wasser stehen. Im heißen Ofen (Mitte) etwa 45 Minuten stocken lassen.

Die Karamellsauce wird in den Förmchen schnell fest. Um sie vor dem Servieren zusammen mit dem Flan aus den Förmchen zu lösen, die Förmchen einfach für wenige Minuten in heißes Wasser stellen und direkt stürzen. So läuft die Karamellsauce mit heraus und verteilt sich über dem Flan. Den Flan warm oder abgekühlt servieren.

M. 24
18
EINZEL-PREIS

Pochierte Birnen
mit Schokoladensauce

FÜR 4 PERSONEN

4 BIRNEN

1 BIO-ORANGE

100 G PUDERZUCKER

1 ZIMTSTANGE

2 KARDAMOMKAPSELN

30 G MANDELBLÄTTCHEN

150 G ZARTBITTERSCHOKOLADE (60–75 % KAKAOGEHALT)

100 ML MILCH

ZUM ANRICHTEN

4 KUGELN VANILLEEIS

ZUBEREITUNG

Birnen schälen, aber dabei den Stiel nicht entfernen. Strunk am Boden der Birnen herausschneiden und von unten keilförmig auch das Kerngehäuse so weit wie möglich entfernen.

Orange heiß abwaschen und 4 Zesten abziehen. 1 Liter Wasser in einem Topf erhitzen, Puderzucker, Orangenzesten, Zimtstange und Kardamomkapseln hineingeben. Alles aufkochen, die Hitze reduzieren und so lange köcheln lassen, bis sich der Zucker aufgelöst hat.

Birnen in den Sirup legen, 20 Minuten köcheln und anschließend im Sirup erkalten lassen.

In einer Pfanne die Mandelblättchen kurz rösten, bis sie Farbe annehmen, dann abkühlen lassen.

Schokolade grob hacken und in einen Topf geben. Milch hinzufügen und unter Rühren zusammen erwärmen. So lange rühren, bis die Schokolade vollständig geschmolzen ist und sich mit der Milch verbunden hat.

Birnen jeweils auf einen Teller setzen. Schokoladenmischung vorsichtig über die Birnen träufeln. Mit den Mandelblättchen bestreuen. Dazu je 1 Kugel Vanilleeis servieren.

TIPP

Birnen haben einen sehr feinen Eigengeschmack, der durch zu viel Schokolade leicht überdeckt wird. Daher die Schokolade zunächst nur als dünne Schicht über die Birnen geben und lieber noch einmal davon nachnehmen.

CRÊPES SUZETTE

FÜR 4 PERSONEN

6 SAFTORANGEN

50 G BUTTER

130 G MEHL (TYPE 405)

SALZ

6 EL ZUCKER

300 ML MILCH

2 EIER (GRÖßE M)

6 EL KOHLENSÄUREHALTIGES MINERALWASSER

4-8 EL COINTREAU (NACH BELIEBEN)

AUßERDEM

BUTTER FÜR DIE PFANNE

FLAMBIERBRENNER

ZUBEREITUNG

4 Orangen halbieren und auspressen. 40 g Butter in einem kleinen Topf zerlassen. Das Mehl in eine Schüssel sieben. 1 Prise Salz und 4 EL Zucker hinzugeben und vermischen. Milch und Eier hinzufügen und mit dem Schneebesen zu einem glatten Teig verrühren. Nun Mineralwasser, 2 EL Orangensaft und die flüssige Butter unterrühren. Schüssel mit einem Tuch abdecken und ca. 1 Stunde ruhen lassen.

Die verbliebenen 2 Orangen filetieren. Dafür die obere und untere Kuppe abschneiden und die Schale so entfernen, dass nichts von der weißen Innenschicht der Schale zurückbleibt. Nun mit einem scharfen Messer die Filets zwischen den Trennwänden herausschneiden und in eine kleine Schale geben.

1 TL Butter in einer Pfanne erhitzen. Eine kleine Kelle Crêpeteig hineingießen und die Pfanne so schwenken, dass sich der Teig gut verteilt. Nach ca. 3 Minuten wenden und von der anderen Seite nochmal ca. 2 Minuten backen lassen, bis er von beiden Seiten leicht gebräunt ist. Aus der Pfanne nehmen und zunächst mittig, dann zu einem Viertelkreis locker falten. Mit dem übrigen Teig genauso verfahren.

Für das Karamell 10 g Butter in eine große Pfanne geben, den übrigen Zucker zufügen und karamellisieren lassen. Den verbliebenen Orangensaft zugießen und zu einem Sirup einkochen lassen.

Die Crêpes auf einzelnen Tellern anrichten, erst mit dem Orangensirup und anschließend nach Belieben mit je 1–2 EL Cointreau beträufeln. Die Crêpes nun flambieren – d. h. den Alkohol anzünden. Sobald der Alkohol verdampft ist, erlischt die Flamme. Mit Orangenfilets garnieren und sofort servieren.

Zitronen-Meringue-Törtchen

FÜR 6 TÖRTCHEN

FÜR DEN SÜßEN MÜRBETEIG

125 G MEHL (TYPE 405)

40 G ZUCKER

1 EI (GRÖßE S)

SALZ

60 G KALTE BUTTER

CRÈME PÂTISSIÈRE (S. 70)

FÜR DAS BAISER

1 BIO-ZITRONE

2 EIWEIß (GRÖßE M)

SALZ

40 G PUDERZUCKER

AUßERDEM

6 TARTELETTE-FÖRMCHEN

BUTTER FÜR DIE FÖRMCHEN

ZUBEREITUNG

Für den Mürbeteig Mehl in eine Schüssel geben. Zucker, Ei und 1 Prise Salz hinzufügen, alles mit den Knethaken des Handrührgerätes gut miteinander vermengen.

Butter in groben Flocken in den Teig geben und anschließend mit den Knethaken des Handrührgerätes unterarbeiten. Dann die Masse mit den Händen zu einem glatten Teig verkneten, zu einer Kugel formen, mit Frischhaltefolie bedecken, damit der Teig nicht austrocknet und 30–60 Minuten im Kühlschrank kalt stellen.

Den Backofen auf 180 °C (Umluft) vorheizen. Währenddessen die Crème pâtissière zubereiten.

Für das Baiser Zitrone heiß waschen und 1 TL Zesten abziehen. Eiweiß zusammen mit 1 Prise Salz steif schlagen. Wenn der Eischnee fest zu werden beginnt, Puderzucker und Zitronenzesten hineingeben und weiter zu cremigem Eischnee schlagen.

Mürbeteig aus dem Kühlschrank nehmen, dünn ausrollen und Kreise mithilfe der Förmchen ausstechen. Die Förmchen fetten, anschließend mit je 1 Teigkreis auslegen.

Im heißen Ofen (Mitte) 12 Minuten blindbacken, bis der Teig leicht Farbe annimmt. Herausnehmen, kurz abkühlen lassen und stürzen. Ofen auf 140 °C (Ober-/Unterhitze) umschalten.

Die Mürbeteigrohlinge mit je 2 gehäuften EL Crème pâtissière ausfüllen, darauf je 3 EL Eischnee verteilen und mit einer Gabel spiralförmig Rillen ziehen: Die Erhöhungen werden beim Backen braun, die Vertiefungen bleiben weiß.

Im heißen Ofen (Mitte) ca. 20 Minuten backen. Das Baiser hat dann eine leichte Farbe angenommen. Die Törtchen aus dem Ofen nehmen und noch warm oder kalt genießen.

CRÈME PÂTISSIÈRE

Konditoren-Creme

FÜR CA. 250 ML

250 ML MILCH

1 VANILLESCHOTE

2 EIGELBE (GRÖẞE M)

40 G ZUCKER

35 G SPEISESTÄRKE

1 TL BUTTER

ZUBEREITUNG

200 ml Milch in einen Topf gießen. Vanilleschote der Länge nach aufschlitzen und zur Milch geben. Zum Kochen bringen, Hitze reduzieren und die Milch unter gelegentlichem Rühren, damit sie nicht anbrennt, warm halten.

Eigelbe und Zucker mit einem Schneebesen schaumig schlagen, bis sich der Zucker aufgelöst hat.

Speisestärke zu der Ei-Zucker-Mischung geben und zu einer glatten, cremigen Masse rühren, anschließend 50 ml kalte Milch mit dem Schneebesen in die Masse rühren. Die Creme ist nun recht flüssig.

Aus der warmen Milch die Vanilleschote entfernen und die Ei-Zucker-Creme in die warme Milch rinnen lassen. Masse auf dem Herd bei geringer Hitze etwa 7 Minuten mit dem Schneebesen beständig leicht schlagen und rühren. Die Creme wird sukzessive erst sämig und anschließend immer fester.

Topf vom Herd nehmen. Wenn die Creme nicht direkt weiterverarbeitet wird, ein Butterstückchen mit einer Gabel aufspießen und dann die Oberfläche der Creme mit Butter betupfen, um zu verhindern, dass sich eine Haut bildet.

MADELEINES

FÜR 30 STÜCK

120 G BUTTER

1 BIO-ZITRONE

1 BIO-ORANGE

3 EIER (GRÖßE M)

120 G ZUCKER

1 TL GEMAHLENE BOURBON-VANILLE

120 G MEHL (TYPE 405)

2 TL BACKPULVER

50 G GEMAHLENE MANDELN

SALZ

PUDERZUCKER

AUßERDEM

MADELEINE-FORMEN

BUTTER FÜR DIE FORM

ZUBEREITUNG

Butter in einen Topf geben und bei schwacher Hitze zerlassen. Die Zitrone und Orange heiß abwaschen und mit einer Reibe je 2 TL Schale abreiben.

Eier mit Zucker, Vanille sowie Zitronen- und Orangenschale in eine Schüssel geben und mit einem Schneebesen schaumig schlagen.

In einer zweiten Schüssel Mehl mit Backpulver, gemahlenen Mandeln und 1 Prise Salz vermengen. Mehlmischung löffelweise zur Eimischung geben und mit einem Holzlöffel stetig verrühren. Nach und nach auch die Butter einfließen lassen und weiterrühren, bis sich ein glatter Teig gebildet hat.

Teig mit einem Handtuch abdecken und 1 Stunde kalt stellen. Den Backofen auf 180 °C (Umluft) vorheizen.

Förmchen mit Butter einfetten. Den Teig noch einmal umrühren und vorsichtig in die Förmchen füllen. Jede Vertiefung dabei nur zu zwei Dritteln füllen, da der Teig noch aufgeht. Beim Einfüllen ggf. einen Spritzbeutel zu Hilfe nehmen. Alternativ lässt sich der Teig mit einem kleinen Eisportionierer (Ø 3,5 cm) in die Madeleine-Förmchen geben. Er muss dann auch nicht mehr glatt gestrichen werden, denn durch die Hitze im Backofen zerläuft der Teig von ganz allein.

Die Madeleines im heißen Ofen (Mitte) 12–15 Minuten backen. Anschließend aus dem Ofen nehmen und 10–15 Minuten abkühlen lassen. Das Gebäck behutsam aus der Form lösen, vollständig abkühlen lassen und zum Servieren mit Puderzucker bestäuben. Den Backvorgang so oft wiederholen, bis der komplette Teig aufgebraucht ist.

Pain perdu

Brioche mit Pflaumen

FÜR 4 PERSONEN

10 PFLAUMEN

1 BIO-ORANGE

2 EIER (GRÖßE M)

20 G ZUCKER

300 ML MILCH

1 GESTRICHENER TL GEMAHLENER ZIMT

30 G ROSINEN

1 KLEINES BRIOCHE-BROT (CA. 400 G, IN SCHEIBEN)

AUßERDEM

1 AUFLAUFFORM (27 X 17 CM)

BUTTER FÜR DIE FORM

AHORNSIRUP ZUM SERVIEREN

ZUBEREITUNG

Den Backofen auf 180 °C (Umluft) vorheizen. Pflaumen waschen, halbieren und entsteinen. Orange heiß abwaschen und 1 TL Zesten davon abziehen.

Eier in einer Schüssel aufschlagen, Zucker hinzugeben und mit einem Schneebesen schaumig schlagen, bis sich der Zucker aufgelöst hat. Milch, Orangenzesten, Zimt und Rosinen hineingeben und alles nochmals gut verrühren.

Die Auflaufform gründlich mit Butter einfetten. Die Briochescheiben nacheinander in die Ei-Milch-Mischung tunken und anschließend dachziegelartig in die Auflaufform schichten. Pflaumenhälften darauf verteilen und die verbliebene Eiermasse über das Brot geben.

Im heißen Ofen (Mitte) 20 Minuten backen. Zum Servieren mit Ahornsirup beträufeln.

TIPP

Pain perdu lässt sich auch in der Pfanne zubereiten. Hierfür etwas Butter in einer Pfanne zerlassen. Die Brotscheiben durch die Eier-Milch-Mischung ziehen und in der Pfanne von beiden Seiten goldbraun anbraten. Pflaumen und Rosinen separat dazureichen.

CLAFOUTIS mit Kirschen

FÜR 1 AUFLAUF (Ø 22 CM)

400 G FRISCHE SÜßKIRSCHEN

200 ML MILCH

1 VANILLESCHOTE

3 EIER (GRÖßE M)

120 G ZUCKER

SALZ

2 EL RUM (NACH BELIEBEN)

100 G MEHL (TYPE 405)

AUßERDEM

1 AUFLAUFFORM (Ø CA. 22 CM)

BUTTER FÜR DIE FORM

ZUBEREITUNG

Den Backofen auf 200 °C (Umluft) vorheizen. Kirschen waschen, entstielen und entkernen.

Milch in einen kleinen Topf geben. Vanilleschote der Länge nach aufschlitzen und zufügen. Milch erhitzen und für 10 Minuten köcheln lassen, dabei gelegentlich umrühren, damit sie nicht anbrennt. Anschließend die Vanilleschote herausnehmen und die Milch abkühlen lassen.

Eier, Zucker, 1 Prise Salz und nach Belieben den Rum in einer Schüssel mit dem Schneebesen schaumig schlagen. Die abgekühlte Milch hinzugeben und alles miteinander verrühren. Mehl nach und nach in die Eier-Zucker-Mischung geben und dabei mit einem Holzlöffel so lange rühren, bis ein noch recht flüssiger, glatter Teig entstanden ist. Sollte noch Flüssigkeit fehlen, ein wenig Milch nachgießen.

Auflaufform einfetten. Kirschen auf dem Boden verteilen. Anschließend den Teig über die Kirschen geben.

Im heißen Ofen (Mitte) 10 Minuten backen. Anschließend die Temperatur auf 180 °C senken und für weitere 20 Minuten backen. Aus dem Ofen nehmen, kurz abkühlen lassen und lauwarm genießen.

TIPP

1 Kugel Vanilleeis dazu macht den Clafoutis noch unwiderstehlicher.

Noch mehr

aus dieser Reihe ...

KOCH DICH NACH ISRAEL
978-3-7459-1553-2
Preis: 12 € (D) / 12,40 € (AT)

KOCH DICH NACH JAPAN
978-3-7459-1230-2
Preis: 10 € (D) / 10,30 € (AT)

KOCH DICH NACH ITALIEN
978-3-7459-1229-6
Preis: 10 € (D) / 10,30 € (AT)

Impressum

Bibliografische Information der Deutschen Bibliothek.

Die Deutsche Bibliothek verzeichnet diese Publikation in der Deutschen Nationalbibliografie.

Detaillierte bibliografische Daten sind im Internet über http://www.dnb.de/ abrufbar.

EIN BUCH DER EDITION MICHAEL FISCHER

1. AUFLAGE 2023

Covergestaltung und Satz: Theresa Bull

Layout: Alexandra Wolf

Redaktion und Lektorat: Andrea Flor

Texte und Rezepte: Klara & Ida, Ravensburg

Rezeptfotografie: Klara & Ida, Ravensburg
außer S. 71: Wanessa_p/Shutterstock

Cover und Seitenmuster (S. 4–79): © Top Vector Studio/Shutterstock

Moodbilder: S. 1: © Dan Novac/Unsplash; S. 2–3: © Vlada Tikhonova/Shutterstock; S. 7: © Belt944/Shutterstock, © Siebe Warmoeskerken/Shutterstock, © Gabriela Tulian/Shutterstock, © Svetlana Bondareva/Shutterstock; S. 9: © Elena Pominova/Shutterstock, © Yulia Grigoryeva/Shutterstock, © art4stock/Shutterstock; S. 9, 33: © Catarina Belova/Shutterstock; S. 10: © Volosina/Shutterstock, © Premier Photo/Shutterstock, © Yulia Grigoryeva/Shutterstock; S. 11: © Natalia Lisovskaya/Shutterstock, © Dariia Belkina/Shutterstock; S. 12: © Astrid Caels/Unsplash, © Adrien/Unsplash, © Robin Ooode/Unsplash, © David Tapia San Martin/Unsplash; S. 32: © John James/Shutterstock, © imageBROKER.com/Shutterstock, © Lola Delabays/Unsplash; S.32/33: © Roman Kraft/Unsplash; S. 33: © Natalia Paklina/Shutterstock, © SCStock/Shutterstock; S. 56: © Eo naya/Shutterstock, © Oscity/Shutterstock, © FreeProd33/Shutterstock; S. 56/57: © Rrrainbow/ Shutterstock; S. 57: © Jack Frog/Shutterstock, © Nella/Shutterstock, © olrat/Shutterstock; S. 78: © MarcantonioBartelloni/Shutterstock, © John Towner/Unsplash, © Sergey Novikov/Shutterstock, © Aastels/Shutterstock

Icons: S. 14, 38, 74 (Lavendel): © Qualit Design/Shutterstock; S. 16, 36, 40, 70: © Ladoga/Shutterstock; S. 18, 58: © Anthony Krikoryan/Shutterstock; S. 20, 26 (Hahn), 42, 49, 54, 64 (Hahn): © MuchMania/Shutterstock; S. 22 (Triumphbogen), 24, 34, 44, 52, 60, 66, 68, 76 (Tasse): © Marish/Shutterstock; S. 22 (Traube), 26 (Traube), 28, 46, 48, 51, 64 (Traube), 72, 74 (Traube), 76 (Traube): © Macrovector/Shutterstock; S. 30, 50, 62: © Lubov Chipurko/Shutterstock

ISBN 978-3-7459-1498-6

Gedruckt bei Polygraf Print, Čapajevova 44, 08001 Prešov, Slowakei

www.emf-verlag.de